目录

人见人爱的秘密武器

人际交往

刷刷 著

希望出版社

图书在版编目（CIP）数据

人见人爱的秘密武器：人际交往 / 刷刷著.
太原：希望出版社，2025.3.--（女生成长小红书）.
ISBN 978-7-5379-9279-4

Ⅰ.C912.15-49

中国国家版本馆CIP数据核字第2024K9Z162号

RENJIAN-RENAI DE MIMI WUQI　RENJI JIAOWANG

人见人爱的秘密武器　人际交往

刷　刷　著

出版人：王　琦

项目统筹：翟丽莎

责任编辑：安　星

复　审：翟丽莎

终　审：张　平

美术编辑：安　星

封面绘图：赵倩倩

装帧设计：安　星

责任印制：李　林

出版发行：希望出版社

地　址：山西省太原市建设南路21号

开　本：880mm×1230mm　1/32　印　张：5

版　次：2025年3月第1版　印　次：2025年3月第1次印刷

印　刷：山西基因包装印刷科技股份有限公司

书　号：ISBN 978-7-5379-9279-4　定　价：29.00元

1 朋友是从陌生人开始的

每个人都需要友情的滋润，怎样交朋友只能靠自己去把握，防人之心应该有，但不要让提防成为友情发展的拦路虎，你要明白：朋友都是从陌生人开始的。

新年快到了，大家都在期待着，但是，小禾却有些发愁。

因为小禾听到一个糟糕的消息，妈妈公司的年会将在元旦前举行，并且员工要带上孩子参加，小禾最害怕见陌生人了。

"妈妈，我能不能不去呀？您就说我生病了，行吗？"小禾看妈妈心情不错，又来跟妈妈求情。

"给妈妈一个面子呀，别人都带着孩子，我一个人去，多尴尬呀！再说了，我们公司还为每个孩子准备了精美的礼物呢，你不去多可惜啊！"

"可是，您的同事，还有他们的孩子，我一个

都不认识，去了都不知道说什么。"小禾最担心的还是和陌生人说话。

"没关系的，有妈妈在，你放心玩就好啦！新年的时候，妈妈带你去买一个你喜欢的毛绒玩具！"

好吧，正好小禾想要一个大大的小熊玩偶，可以抱着睡觉的那种，因为太贵，妈妈一直都没舍得买呢。为了亲爱的小熊，就忍忍吧。

妈妈公司的年会定在周末的晚上。小禾跟妈妈进门的时候，里面已经很热闹了，大人们三三两两地聚在一起聊天，小孩子们嘻嘻哈哈的，玩得格外开心。小禾

把来的人仔细扫视了一圈，没有一个熟悉的面孔，心里开始忐忑起来。

"呀，这是您女儿啊，长得可真漂亮。"看妈妈进来后，几位年轻的阿姨立马走过来，摸着小禾的头说道。

"阿姨好！"小禾机械地打着招呼，紧紧拉着妈妈的手。

"小禾，你在这里坐坐，我去和阿姨们说会儿话。对了，桌上有水果，你先吃一点吧。"

哼！狠心的妈妈，一见到同事就把自己扔下了！小禾满肚子的委屈，在角落里找了个位子坐下来，真后悔今天来这里，为了一个毛绒小熊就把自己给"出卖"啦。

小禾无聊地玩着桌布，看眼前的男生女生一起说笑着，心想，他们一定是这种聚会的常客了。

"你是头一次参加这种聚会吗？"不知道什么时

候，小禾身边多了一个比自己大一些的女生，她用一只手支着下巴望着小禾。

"嗯，第一次来。"小禾紧张地回答。

"我观察你半天了，从你一进门开始！"女生微笑着说。

小禾把头垂了下去，不知道说些什么。怎么会有这样奇怪的人，我有啥好看的呀！

"哈哈，别不好意思，我叫新雅。"女生爽朗地自我介绍。

小禾跟着新雅笑起来，心里也放松了下来。小禾伸出手对新雅说："新雅你好，我叫小禾，很高兴认识你！"

新雅站了起来，握了握小禾伸过来的手，说："其实，我以前也最怕这样的聚会，一个熟人都没有，好没意思。"

"对对对。来之前我就想，这些时间怎么熬过

去啊！"小禾没想到，在聚会上能碰到一个知音。

新雅从桌上抓起一把瓜子，分了一半放在小禾面前，说："以前，我最烦和爸爸一起参加公司的各种活动了，大人们的事，干吗非要拉上咱们呀！所以，每次活动，我都故意不说话。后来，有一次聚会时安排了一个游戏，要每个孩子在所有来的孩子中找一个伙伴，一起参加猜词语游戏，我一个人都不认识，结果，那次游戏就落了单。好惨啊！看别人玩得很开心，我心里就后悔了。现在我想通了，就把这样的聚会当成我们自己的聚会好了，多交几个朋友，挺好的。"新雅嗑着瓜子，连珠炮一样讲了好多。

和新雅这样的人在一起，小禾完全敞开了心扉。

"真羡慕你有那么多朋友，我朋友很少的，平时也很少和别人说话。"

"没关系，朋友不在多少，关键要能知心。我最讨厌那些虚伪的人了，表面上看起来和你很亲热，背地里却悄悄向你射冷箭。"

"对呀，我就怕这样的人。以前，我认识一个女生，我们关系挺好的，我把自己最得意的漫画给她看。那些漫画都是我悄悄画的，画了一些能体现老师和同学特征的动作，画得比较夸张。结果，她把我画漫画的事告诉了老师，老师在我课桌里搜出

一大摞漫画，害得同学们都不和我说话了！"

"原来是这样啊！不过，你别担心，我的朋友们都挺好的，我介绍你们认识！"

小禾还犹豫着，新雅已经朝人群里喊了："嗨，你们过来一下啊，这里有位新朋友呢！"

小禾赶紧拉住新雅的手说："等一下啊，我……我都不知道他们在聊什么。"

"没事啊，他们都很友善，你不用担心。"

新雅的话音未落，就围过来四五个同龄人，其中还有两个男孩。

"给你们隆重介绍一位新朋友，她叫小禾，是个了不起的漫画家呢！"新雅笑着说。

"漫画家，太好了，我们都喜欢看漫画呢！"一个男孩带头说。

"哪里呀，我只是随便画画而已。"小禾难为情地说。

"没关系，你给大家画张漫画怎么样？就当是新年礼物。"新雅建议说。

　　"好主意，我这就去找纸和笔。"带头的男生激动地去找文具，其他人也都围了过来，七嘴八舌地问小禾画漫画的事。

　　那天晚上，小禾成了聚会的焦点，很多小孩都得到了小禾即兴创作的肖像漫画，小禾一夜之间拥有了很多朋友。

　　那天以后，新雅成了小禾最好的朋友，也成了小禾漫画的粉丝。

刷刷姐姐
有话说

不要让畏惧成为借口

一个叫大卫的人拥有很多朋友，而且其中的很多人竟然是他在散步时或者外出购物时搭话认识的。

他的一个朋友问他为什么能那么自然地跟陌生人搭话，他说："一开始我跟陌生人说话心怀不安，但是每当我想到我的好朋友们当初都是陌生人时，我的畏惧感就消失了。我想，在我与他们说话之前，他们都是陌生人，而一旦跟他们说话，他们就可能成为我的朋友甚至知己。"

每个人都需要友情的滋润，怎样交朋友只能靠自己去把握。防人之心不可无，但不要让提防成为友情发展的拦路虎。我们要明白：朋友都是从陌生人开始的。

我们都会有与人建立亲密关系的渴望。朋友非常重要，如果有人不愿意交朋友，甚至畏惧交朋友，就一定要试着去改变。

友谊是青春期最需要的东西之一，要想得到友谊，必须有同陌生人说话的勇气。

很多女生参加有陌生人在场的活动时会有一种畏怯心理，甚至有的人见了陌生人会一言不发，这是不明智的。如果拒绝同一切陌生人谈话，怎么会有新的朋友呢？轻易放弃一次结交新朋友的机会，有时会终生遗憾。

在一个有许多陌生人的聚会上，你首先要寻找比较熟悉的人，哪怕只有一个，这对消除你的紧张心理、稳定情绪很有好处。万一一个熟人都找不到，你也不必紧张，此时要做的是先别忙着开口，只用耳朵和眼睛去听、去看，去仔细打量每个到场的陌生人。如果你发现在场的陌生人中，有一

个人和你一样，没有熟人而且比较胆怯，孤单地坐在一个角落里，你就要立即抓住这个机会。你可以主动坐到他跟前去，向他做自我介绍，同他低声交谈几句。

也许有人跟你说过"不要和陌生人说话"，但是，只要身处在社会之中，就不可能封闭自己。当我们处在一个相对安全的环境中时，我们要坦然地面对陌生人，充满自信，大可不必在任何场合都给自己穿上厚厚的"防护服"。

如果你真的害怕和陌生人交流，那就多参与一些同龄人的互动，也可以和父母一起参加活动，这时，你就可以大胆地和在场的陌生人交流了。当然，在初次接触后，你可以将自己与陌生人交流的体验分享给爸爸妈妈，爸爸妈妈也能给你一些好的建议，如果发现有什么问题，也能及时提醒你。

人与人之所以要交流，很大程度上是想排解寂寞，并得到舒适和快乐。所以，交谈中不让对方觉得不快就是很大的成功了。如何才能做到这一点呢？

首先，同陌生人交谈的最大困难在于不了解对方。因此，首先要做的便是尽快熟悉对方，消除陌生感。你可以先自我介绍，再去询问对方的姓名、学校，然后试探性地引出彼此都感兴趣的话题。

　　其次，和陌生人第一次交谈，内容一定要对等。如果你没有先向对方谈自己的情况就开口向他问东问西，一般情况下，他可能不乐意回答你的问题。你谈了自己哪方面的情况，对方多半也乐意就这方面谈他的情况。你可以设法在短时间内，通过敏锐的观察初步了解他。他的头发、他的衣服、他说话时的声调及他的眼神等，都可以给你提供了解他的线索。

　　再次，同陌生人交流，要努力营造一种轻松愉快的气氛。首先从自己做起，你同他交谈时要直率坦然，最要紧的是不使对方感到拘谨。尤其是面对比较害羞、不习惯同陌生人谈话的人，你一定要设法使他放松，可以先同他谈些无

关紧要的事，就像同老朋友谈话一样轻松、自在。

然后，要尽可能让对方多说话，并留心对方态度的变化。不要以为你感兴趣的对方也一定感兴趣，对对方的兴趣，你要充分地尊重。当对方意兴正浓时，你千万不可打断他；而当对方兴趣转移时，你不要纠缠原先的话题，应随机应变地引出新话题。

最后，你的眼神要随时表现出你对他的理解、信任和鼓励，而不是怀疑、挑剔和苛求。一道严厉的目光，会使对方把只说了一半的话吞回去。

只要你真诚待人，就会有很多人愿意成为你的朋友。刷刷姐姐告诉你三条和陌生人交往的妙计，一定要记住哦！

1. 端正态度，把自己放在低姿态的位置。

2. 从微笑开始，注意倾听对方说话。

3. 不卑不亢，坦然面对。

女生小攻略

和陌生人说话的要诀

如何同陌生人说话呢？快来学学下面的小技巧吧！

1. 开口要懂得随机应变

开门见山、单刀直入地和陌生人说话，往往会让对方感到紧张。那该怎么和陌生人说第一句话呢？如果不论场合，总是说些"今天天气真好"之类的话就会显得有些滑稽。最好能结合你所处的环境，就地取材地引出话题。如果是在对方的房间，不妨赞美房间里的布置或者玩具。这样的开场白并非实质性的内容，主要是使气氛融洽。多说些"这房间布置得不错呀！""多么可爱的娃娃呀，和房间配起来很好看！"之类的话。总之，采用赞美的语气，是最得体的办法。

2. 谈话要考虑对方的感受

和陌生人交谈不是一味地发泄自己的情绪，而应照顾到对方。在交谈中选择什么样的话题，采用什么样的语言和口吻是有讲究的，不然便会产生无形的隔阂。如果你缺乏广博的知识和控制谈话的能力，可试着从对方的话语中找出他的兴趣所在，让他对自己感兴趣的话题发表看法等。一般来说，一个人感兴趣的东西多是他知识储备中的精华部分。

3. 善于倾听

善于倾听是和陌生人交谈成功的关键，在倾听对方说话时应注意以下几点：

（1）与说话人交流时，适当地点头或做一些手势，表示自己在注意倾听。

（2）轻松自如，除非对方在讲一件骇人听闻的事。

你还应不时"哦""嗯"地应答，以引起对方继续说话的兴趣。

（3）通过一些简短的插语和问题，暗示对方你确实对他的话感兴趣，或启发对方以引出你感兴趣的话题。

（4）善于从别人的话里听出他没有表达出来的意思，避免自己产生误解，也可用一两个字暗示对方。

（5）不要急于下结论，过早表态会使谈话中止。

（6）即使你对对方的话题不感兴趣，也不要直白地说："哎，这太没意思了，换个话题吧。"

4. 巧妙提问

提问是引导话题、展开谈话的一个好方法。提问首先应注意内容，不要问对方难以应对的问题，不要问对方难以启齿的隐私以及大家都忌讳的问题等。

还要注意发问的方式，"查户口"式的一问一答只会破坏友善的氛围。

还有，如果你提的问题对方一时回答不上来，或不愿回答，一定不要生硬地追问，要善于转换话题。

5. 想好了再说

说话之前，应对自己所要说的话稍做思考。讲话不思考、无准备或答非所问会给人留下浅薄的印象。

2

一条围巾引发的危机

女生们，请珍惜朋友对我们的信任，勿失信于人。朋友间的信任是无价的，一旦失去，用什么也换不回。

　　国庆节快到了，学校要举办一次歌咏比赛，每个班都要出一个合唱节目。

　　六（1）班的合唱已经练了很久，临近演出，老师公布了服装要求：男生穿蓝色小西服，下身穿蓝色牛仔裤；女生是白色连衣裙，配一条红色围巾。

　　"什么？红围巾？为什么非是红色呢？"小诗一听老师的要求，头立马大了，她最不喜欢的颜色就是红色，别说是红色的围巾，就连一双红色的袜子都没买过。哦，想起来了，她有一样红色的东西——红领巾，可是这不算服装吧！

　　小诗郁闷地看着同桌皮皮："怎么办？我没有红围巾！"

　　"你买一条吧。"皮皮建议道。

　　"可是我又不喜欢红色，买回家只戴一次，以后闲置着多浪费！"小诗是个节俭的女生。

"我有两条红色的围巾，借你一条吧！"听到他俩的谈话，云儿走过来说，"你不用买了！"

"真的？谢谢你，云儿，你真好！"关键时刻，好朋友云儿帮助了小诗，小诗心里美滋滋的。

小诗和云儿可是班里人人皆知的好朋友，两个人亲密无间，好得跟一个人似的，借一条围巾，自然不在话下。

晚上回到家，云儿打开装围巾的抽屉，里面有两条红色的围巾。不过这两条围巾，一条是旧围巾，因为戴的次数多，已经开始褪色了。一条很新，是前不久亲戚去旅行带

给自己的礼物。

借给小诗哪一条呢？云儿把两条围巾拿在手里，思忖着。借给她这条旧围巾吗？云儿看看这条旧围巾，末端的穗子都打结拧在一起了。她想：小诗可是个爱臭美的丫头，这种旧围巾她肯定不喜欢。再说，如果让小诗看见自己戴新围巾，却把旧围巾借给她，她肯定会伤心的。

想到这里，云儿决定把新围巾借给小诗。可是，这么漂亮的围巾，自己不戴多可惜！让小诗戴这么漂亮的围巾去出风头，云儿心有不甘。怎么办？怎么办？云儿好矛盾。

对了，抓阄，就让老天帮自己做决定吧。

云儿拿出两张纸条，分别写上"新"和"旧"，折起来混在一起，对自己说：我抓到哪个，就戴哪条围巾。云儿闭着眼睛拿起一个，打开一看，哈哈，竟然写的是"新"字。

既然如此，旧围巾归小诗。云儿将旧围巾塞进书包，去客厅吃饭。

第二天一早，云儿背着书包准备出门，突然，一个声音在脑海里大喊：云儿啊云儿，你抓阄的事小诗可不知道，你把旧围巾给她，她肯定会误会的。云儿看着书包里的旧围巾愣了好半天，最后还是将它掏出来，换成了那条新围巾。

"给，红围巾。"一进教室，云儿就拿出围巾递给小诗。

"谢谢云儿！"小诗接过围巾打开一看，"哇，好漂亮的围巾！手感好舒服哦！"小诗将围巾贴在脸上，一脸满足地说："云儿，这围巾好棒哦！"

"嘿嘿！这是亲戚送我的，我一次都没戴过呢！"云儿说。

"谢谢，谢谢！我一定爱护好你的新围巾。"小诗乐开了花。

歌咏比赛如期举行，各班参加比赛时穿的美丽服装成了现场的一大亮点。

特别是小诗，在红围巾的映衬下，像一朵刚刚绽放的红梅，吸引了很多人的目光。

"小诗，你戴红围巾好漂亮！"

"小诗，你皮肤白，红色好适合你！"

"小诗，你这条红围巾好漂亮，比赛中，很多双眼睛都盯着看哦！"

从舞台上一下来，小诗就被其他班的几个女生围住了，她们兴致勃勃地说："在哪儿买的？我们也去买一条！"

"这……"小诗扭头看看身后的云儿，云儿正和同学说话，她便脖子一扬，得意地说，"这围巾是亲戚送的！"

"小诗，好羡慕你有这么漂亮的围巾哦！"

面对大家的羡慕和夸赞，小诗心里美极了。为了不让云儿听到自己吹牛，她找了个借口，匆匆跑回教室。

　　晚上，小诗将红围巾摆放在枕头边，翻来覆去地看个不停。白天的一幕幕在脑海中反复浮现，此刻，她再也不讨厌红色了，相反，她深深地喜欢上了红色，红色变成她眼中最美的颜色。

误会
难过
解释

第二天，失眠的小诗睡过了头，洗完脸，抓起书包就往外走。

快到校门口，小诗才想起云儿的围巾还在床头呢！怎么办？现在回家去拿，肯定会迟到，算了，明天带给她吧。

就这样，进了教室，小诗一脸抱歉地说："我早上起晚了，走得太匆忙，忘了带你的围巾，明天还给你吧。"

其实，迟一两天还，云儿是不会在意的，她只是奇怪，为什么昨天演出完，小诗不直接将围巾还给自己呢？

在放学回家的路上，小诗心里敲着小鼓，明天一定要把云儿的围巾还给她，可是心里好舍不得哦。这么漂亮的红围巾，自己何时才能拥有呢？

小诗一边想，一边走，不知不觉就到了家门口。

推开门，小诗走进房间，发现枕头边的红围巾不见了。

"妈妈，看见我枕头边的红围巾了吗？"小诗问厨房里的妈妈。

"哦，我早上帮你收拾房间，顺手给洗了！你去阳台上拿！"

"什么？"小诗的心一下子紧张起来，"您……您洗围巾干什么？"小诗跑到阳台一看，老天，那条红围巾皱巴巴地挂在衣架上呢。

"啊啊啊——"小诗尖叫着。可是无论她怎么叫，云儿的围巾始终是皱巴巴的模样。

尽管晚上妈妈用熨斗熨烫了几遍，但是这种围巾不适合水洗，所以始终是一副难看的模样。

"明天怎么和云儿交代呢？"小诗此刻真后悔，如果昨天演出一结束，自己就把围巾还给云儿，该多好！

第二天，当小诗捧着"受伤"的围巾来到云儿面前的时候，她的脸涨得通红。她很想和云儿解释，但是她发现云儿看见围巾后眼睛里满是泪花，顿时觉得自己的解释是多余的。小诗心想：云儿或许认为自己是故意破坏她的围巾的吧？唉……就这样，两个女生沉默着站了一会儿，各自走开。之后，云儿再也不和小诗来往了。

小诗的心里难过极了，因为一条围巾失去一个朋友，太不值得啦。好几次，小诗想和云儿说说围巾的事，可是云儿一看见她走过来，要么迅速走开，要么转过身不理她。过了几天，小诗终于憋不住了，她觉得和云儿有误会也罢，有矛盾也罢，必须将事情说清楚。

晚上，小诗在书桌前写了一封信，第二天，她让皮皮转交给云儿。

在信中，小诗告诉云儿：那天歌咏比赛后，她被其他班的女生围住，脑子一时发热，吹嘘漂亮的红围巾是自己的。因为这虚荣心，她没有及时归还云儿的围巾。后来，又遇上老妈"多此一举"，围巾才……在信的末尾，小诗真诚地向云儿道歉，并表示，自己一定会想办法用零花钱买一条新的红围巾补偿云儿——尽管可能不如云儿原来的红围巾好。

看完小诗的信，云儿终于开心地笑了。

放学的时候，云儿主动和皮皮找小诗一起回家。在路上，云儿告诉小诗："虽然那条围巾已经坏了，但我会保存起来，当作我和你友情的见证。至于新的围巾嘛——"云儿歪着脑袋逗小诗，"我要一条更漂亮的。"

"哈哈，哈哈！"三个女生的笑声在路边飘荡着。

有时候，友谊需要一份解释，当然，它更需要彼此间相互信任哦。

刷刷姐姐
有话说

消除误会，让友情如花般绽放

朋友之间产生了误会，关系就会变得紧张。

其实，产生误会是正常的，误会确实会给你们带来一些影响，但也不需要过于夸大它的影响。

当和朋友发生误会时，该怎么办呢？该如何消除误会呢？

被误会时，要让自己冷静下来，仔细寻找原因。如果原因不在自己身上，只要做好自己的事情就可以了，记得给对方冷静思考的时间和空间，让对方真正理解你；如果原因出在自己身上，那就需要反思自己的言行，避免朋友间再次产生误会。

误会产生后，虽然我们很想消除，但绝不能操之过急。因为刚开始，不论是被误会的一方还是误会的一方，心里都会有些情绪，容易只站在自己的角度看待问题，如果带着情绪去解释的话，只会让误会越来越深。所以，有时候不妨给彼此一点时间，冷静下来后再坦诚沟通，这样就容易消除误会了。

刷刷姐姐告诉你一些消除误会的方法，不妨一试。

1. 消除委屈情绪

大呼冤枉、唉声叹气是解决不了问题的。这时，最重要的是让自己平静下来。只要心中坦然，没做亏心事，别人总会理解你的。

2. 谅解、宽容对方

被人误会的确会让人觉得委屈，但如果站在对方的立场上想想：他是不是心情不好，所以才误会我的。这样可能就谅解并宽容对方了。

3. 积极消除误会

如果有人对你产生了误会，千万不可完全听之任之，或碍于情面让误会继续下去。可在对方心情愉快时，当面向他说清；也可以写一封真挚、诚恳的信，表达消除误会、重新和好的急切心情。

请记住，只有妥善消除朋友间的误会，友情才能如花一般绚丽绽放。

女生小攻略

建立信任的法则

朋友间会因为一些小事产生误会，使得双方心情都不愉快，而这些让人误会和不愉快的事情往往会影响朋友间的感情。毫无疑问，朋友间相互信任，可以避免很多这样的误会和不愉快的事情。

下面，我们就一起来学学建立信任关系的秘诀吧。

1. 说到做到

建立信任关系最基础的一步，就是说到做到。即便是一件很小的事情，不管你是没有去做，还是没有坚持下来，你都可能会因此失去别人的信任。日积月累，建立信任关系的基础就瓦解了。

2. 不要说谎

这听起来容易，做起来可就难了。有时候你讲真话，虽然会令人不愉快，但你会因此得到更多的信任，人们也会欣赏你的坦诚。有时候为了维护小小的自尊，将事实掩盖，换一种更加好听的说辞，这看起来好像没有什么，但是一旦真相暴露，或是对方觉察到你的谎言，你们之间的信任就会遭到破坏。

3. 积极沟通

当别人不理解你的时候，你可以主动和对方沟通，加深对彼此的了解。

3 好朋友是怎么"炼"成的

青春期的朋友关系是十分密切的，这一时期建立起来的友谊也会相对稳定和持久，所以，这个时期的朋友往往会成为女生一生的朋友。

放学了!

乔恩扭一扭酸痛的脖子,开始收拾课桌上的书本。明天是周末了,干什么好呢?

"嗨,乔恩,明天来我家吧,我表姐也在,我们一起玩围棋呀!"榛榛走到乔恩身边,两只手撑在乔恩的课桌上说道。

"我……我明天要洗衣服……"

"好了,求求你来吧,洗衣服的时间多得是,你是我最好的朋友,一定要陪我练习下围棋啊。明天下午三点,一定要来,拜拜!"说完,榛榛高高兴兴地走了。

乔恩有些后悔,都怪自己,上次聊天的时候说自己会下围棋,没想到,榛榛也会下围棋。

可是，乔恩不是榛榛最好的朋友吗，怎么完全不像个好朋友的样儿？这个乔恩是不是太不够朋友啦？

其实，乔恩可不那样想，虽然榛榛口口声声说乔恩是她最好的朋友，但也是仅限于需要乔恩的时候。这也没什么，乔恩可不是个小气鬼，帮帮榛榛也没什么大不了的。只是，乔恩受不了榛榛的虚荣，她总是在她面前吹嘘这个，夸夸那个。这次，榛榛表面上说让乔恩陪她练围棋，到时说不定又想在她面前夸耀什么东西呢！

虽然心里很不情愿，但到了第二天下午，乔恩还是准时出发了。谁让自己答应人家了呢。不，是榛榛根本就没给她表态的机会嘛。

　　榛榛家的房子在顶楼，屋顶上还有一个小花园，这会儿的阳光一定很惬意。好吧，就当今天是来享受"日光浴"的吧。想到这儿，乔恩微微一笑，伸手按响了门铃。

　　"呀，乔恩来了。我就说嘛，你是我最好的朋友，绝对不会爽约的。来，快进来。"榛榛打开门，欢喜得像一只小兔子。

　　乔恩跟着进了屋。来到客厅，沙发前站着另外一个女生，看起来比榛榛略大些，也比榛榛更沉稳，她一直微笑地看着乔恩和榛榛。

　　榛榛看了那女生一眼，说："对了，忘了给你介绍，这是我表姐盈盈，口琴天才。"

　　盈盈瞪了一眼榛榛，微笑着对乔恩说："别听她胡说，很高兴认识你啊！"

　　第一眼，乔恩就觉得这个盈盈不一般，谦虚，但又充满自信。

榛榛端起茶几上的水果盘说："我们去小花园吧，边吃边玩，我都等不及啦。"盈盈和乔恩相视一笑，跟着来到小花园。

乔恩猜对了，这会儿阳光真的很好，在这里晒太阳，真的是一件很享受的事。

"对了，表姐，我们现在就下围棋吧，在这里下几局围棋，是不是很妙的主意呀？你们先坐，我去拿围棋哦！"

榛榛不等表姐回答，就进屋去拿围棋了。

盈盈看乔恩很享受阳光的样子，就问："你也喜欢晒太阳呀？"

"对啊，我最喜欢下午的阳光了，只要有空，我就到南湖边去，一边看书，一边晒太阳。"乔恩陶醉地说。

"是吗？我也常去南湖边呢，可从来没有碰到过你，下次有机会我们一起去啊！"没想到，两个

人有相同的爱好呢。

这时，榛榛走了上来，说："哟，你们俩聊得挺开心啊。"

盈盈说："怎么，吃醋了呀。你这个朋友挺好的，我喜欢。"

"喜欢就让给你啦！"榛榛说笑着，打开手里的围棋，"这是我爸爸从云南买回来的棋子呢，叫云子，摸起来不滑，就是掉在地上容易碎，所以老爸轻易不让我带出家门呢！"

乔恩心想：原来今天是要展示"云子"啊，怪不得非要叫我到家里来。

"我们赶紧开始吧。要我说，棋艺最重要，用什么棋子都一样。"盈盈的话让乔恩听起来好舒服，这正是自己想说的。

榛榛看两个人都对自己的云子不感兴趣，只好开始下棋了。

连续下了好几局，每次都是榛榛输棋。榛榛知道乔恩的棋艺比不上自己，可是今天有盈盈在一旁指点，结果就完全不同了。

"不下了，不下了，你们两个欺负人！"榛榛终于支撑不住了，撂下手里的棋子，抓起一个苹果吃起来。

乔恩和盈盈相视一笑，收拾起围棋来。

"我说你们俩是怎么回事啊？看起来这么合拍，我看，你们倒像是好朋友呢！"榛榛边吃边赌气说。

"谁说我们不能做朋友呢？乔恩，把你的微信号码给我，下次我们一起去南湖边晒太阳啊！"盈盈看着乔恩说。

"嗯，好啊。"乔恩赶紧拿出手机，打开了微信。

从榛榛家出来，乔恩感觉脚步好轻快，这是她来榛榛家最愉快的一次。

第二天中午，乔恩就收到了盈盈发来的微信：

我在南湖边的望月亭，你要是有空，一起出来晒太阳。

看完微信，乔恩立刻收拾书包，带了一本小说往湖边赶去。

来到湖边，远远地，乔恩就看到一个身材修长的女生正坐在亭子前的台阶上吹口琴。

"长亭外，古道边，芳草碧连天。晚风拂柳笛声残，夕阳山外山。天之涯，地之角，知交半零落……"

盈盈吹的曲子正是自己最喜欢的《送别》，乔恩不自觉地唱了起来。

"你的嗓音真好听，你学过唱歌吗？"一曲吹完，盈盈问道。

"学过一段时间，后来觉得一个人学没啥意思，就没再学。"乔恩回答道。

"太可惜了，你的嗓子这么好，不学唱歌浪费了。教我的老师挺好的，你要是有兴趣，我们一起学吧。"

"那可太好了，我正愁没有伴呢。"

两个人一直聊到夕阳西下，才恋恋不舍地各自回了家。

乔恩让妈妈重新为自己报了歌唱班，从此，

陶醉
形影不离
欢喜

她和盈盈成了形影不离的朋友。

"乔恩，帮我翻译一下这段英文，好吗？太复杂了，我看了半天也没看懂。"榛榛又来找乔恩帮忙。

乔恩看了一眼题目，说："你可以查字典啊，对照着看一下就明白了。"

"哎呀，人家不是没时间嘛，你就帮我翻译一下。你是我最好的朋友，一定要帮我。"榛榛又使出她的绝招来了。

"真正的朋友会时刻为对方着想，而不是整天把友谊挂在嘴边！"乔恩第一次拒绝了榛榛。

听到这句话，榛榛傻在了原地。

刷刷姐姐
有话说

友情会带给女生快乐

当观赏日落的美景时，我们常常希望身边有人陪伴。美好的事物会因为分享变得更加美好。

当伤心大哭，或者为成功庆祝时，我们也需要有人陪伴。

我们并不需要陪伴者为我们解决问题，而只是需要与他们在一起的感觉。孤单对人来说是一种痛苦，因为人是群居性的，只有在一个和谐的团体中，才会有真正的快乐。每个人的内心深处，都渴望有一种归属感，渴望和别人有联系，渴望别人接纳自己。

进入青春期后，女生心中的依赖从家人扩展到朋友，会把自己的快乐和忧愁，统统拿来和朋友分享。朋友是女生生活中最重要的角色之一，能带给女生快乐。

一个没有朋友的人是孤独的。我们不仅需要亲人的呵护，更需要朋友的陪伴！青春期的朋友关系是十分密切的，这一时期建立起来的友谊也会相对稳定和持久。所以，这个时期的朋友往往会成为女生一生的朋友。

抓住身边的友谊，享受它带来的快乐和幸福吧！

怎样才能交到好朋友呢？

在与朋友的交往中，朋友并不会像父母那样宠爱我们、迁就我们。朋友间免不了会发生摩擦、冲撞，这个时候，就需要多为对方着想。在交往中，人们习惯的做法是为自己的行为、信念和感情辩解，不知不觉中把自己与他人区别对待，强求别人来适应自己，而不愿意去适应别人。久而久之，就可能形成看谁都不顺眼，或总认为别人不如自己做得好，从而埋下发怒的种子，一旦遇事不顺心，便一触即发，伤害朋友甚至得罪人。

有这种不良习惯的女孩，应该努力学会站在对方的角度考虑问题，多为对方着想，从中找到自己的不足，以便更好地改变自己的看法。要知道，好朋友之间应该是平等的，应该有更多的理解、尊重。每个人都有自己独立的人格和独特的个性，都有各自的生活习惯和兴趣爱好，尊重他人，实际上也是尊重自己。平和、礼貌地与人相处，可以展现自己的修养、风格和气度，可以树立起良好的信誉，这样就可以赢得更多朋友的信赖和尊重。

同时一定要记住：对朋友以诚相待。在与朋友的交往中，不要轻易许诺，一旦许诺，便要兑现。言而有信，行必有果。说话做事一定要严守信誉，绝不食言。对自己说的话要负起责任。做不到的事不说，答应的事情，就要千方百计、不遗余力地去兑现；如果经过努力仍没兑现，要诚恳地向对方说明原因，而不能敷衍搪塞，寻找借口。

女生小攻略

交到真心朋友的秘诀

不必刻意去想怎么找到真心朋友，只要用善良和真诚对待每一个人，真心的朋友自然会出现。

1. 真心付出

要想交到真心朋友，一定要学会付出，并且一定要主动付出才行！要想让别人真心对待你，你一定要先学会真心对待别人！

2. 关心你的朋友

一定要积极主动地关心你的朋友。一个善于时刻关心朋友的人，一定会有很多的真心朋友！

3. 在朋友最需要你的时候伸出援助之手

患难见真情，当朋友遇到困难的时候，一定要积极主动地帮助他。朋友是人生道路上互相扶助的伙伴，来自朋友的帮助会让人感受到温暖。

交往的禁区

每个人都有隐私，都有秘密，而只有能替人保守秘密、尊重别人隐私的人，才能得到大家的尊重和喜欢。

课间休息十分钟是非常宝贵的，有人忙着解决下节课的预习问题，有人赶着写上节课的作业，有人急匆匆地去上厕所，还有四个女生，急着凑到一起聊天。

聊天有什么要紧的，需要这样争分夺秒吗？

嘿嘿，那你可不知道啦，这四个人分别是大瑶、妮妮、小茜和栗子。她们聊的内容可不一般呢，什么明星的最新绯闻、班里的各种小道消息、时尚风向，都是从她们这里流传开来的，她们是著名的"八卦会议"的四大成员。

大瑶是"八卦会议"的主持人，拥有最高权威，控制着聊天的话题和进程。

今天她要说的，是市六中禁止女生用彩色头绳扎头发的传闻。

"什么，连女生头绳的颜色都要管啊，是不是太过分了？"急脾气的栗子第一个反对。

"不会吧！我觉得有点夸张，是谣言吧？"小茜是"八卦会议"成员中最理性的一个。

"假不了，你瞧，有图有真相，还说谁要用了，需要写检讨呢！"一直盯着手机的妮妮说。

"写检讨，太搞笑了吧！"栗子一边说，一边做

着鬼脸。

"那怎么能行，都用黑色头绳多难看啊，是吧，大瑶？"妮妮一边说，一边盯着大瑶傻笑。

"妮妮，再看我封了你的眼睛。"

大瑶正要去掐妮妮的耳朵，上课铃响了起来，大伙儿立刻回到了自己的座位上。

为什么妮妮总是针对大瑶呢？

哈哈，别看"八卦会议"表面上很和谐，背后也是"钩心斗角"呢。妮妮早就对大瑶有意见了，每次的话题讨论，大瑶总是在关键的时刻卡住大家的"脖子"，不让大家继续讲。妮妮早就想取代大瑶的位置了，只是总找不

到机会。

看来，还是得从大瑶身上下手。

课堂上，妮妮完全没有心思听课，她写了两张字条，分别悄悄传给了小茜和栗子。

妮妮在字条上写道：如果想知道大瑶的秘密，下课后就到大瑶座位那里。

下课后，四个女生再次围到一起，奇怪的是，其余三个人都不说话，只低着头偷笑。

大瑶觉得很奇怪，说："笑什么啊，你们几个怎么了？"

小茜掩着嘴把字条递给了大瑶。

"无聊。"大瑶一看字条，转身走开了。

栗子伸长舌头，对小茜做了个鬼脸，也回自己座位去了。

小茜拍了拍尴尬的妮妮的肩膀，说："以后还是不要开这种玩笑了。"

一定要找到大瑶的秘密。妮妮在心里暗下决心。

妮妮走到大瑶的身边，说道："开个玩笑，不至于生这么大的气吧！借你的数学笔记给我看一下吧。"

大瑶推开妮妮，站了起来，说："谁跟你生气，我去趟卫生间，你自己找吧。"

大瑶离开了，妮妮感觉很失落，她把手伸到大瑶的课桌里，胡乱拿出一本笔记本来。

妮妮随手一翻，一张纸片轻轻飘了出来。

什么东西呀？还夹在笔记本里！妮妮拿起来一看，立刻惊呆了！

竟然是男生写给大瑶的信呢，里面全是对大瑶的赞美，还说要和大瑶做好朋友。只可惜，信没有署名，只写着几个字母。

会是谁写的呢？妮妮把几个字母和班里男生的姓名对照了一下，没一个能对上号的。没关系，管它是谁写的呢，有这个东西就够了。

妮妮悄悄记下了信的内容，然后把信放回了原处。

今天的第三次"八卦会议"开始了，妮妮好期待啊。一上场，她就拿出本子来，说："我收到了一封好玩的信，给大家念念啊！"

说着，妮妮就念自己抄下来的信。

一开始，大瑶还满不在乎地听，可听着听着，脸一阵红一阵白。

"大瑶，你怎么了？"小茜最先发现大瑶不对劲。

"妮妮，你这信哪来的？"大瑶神情严肃地问道。

"啊哈，有人紧张了呀，难道你看过这封信？"妮妮嬉笑

着问。

"拿来，我看看你的信。"大瑶去夺妮妮的笔记本。

"那可不行，这怎么能随便给人看呢？"妮妮说着躲到了一边。

"那别人的信你就可以随便看了吗？"大瑶生气地说。

"哈哈，承认了吧，老实交代，谁写给你的？"妮妮问道。

"你们俩搞什么鬼啊？"一旁的栗子看糊涂了。

"好感人的信哦，要是我，早就答应人家做好朋友喽。"妮妮还在打趣大瑶。

只听"咚"的一声，大瑶把妮妮推倒在地上。

"你打人！"妮妮哭了起来，"你敢打我，我要把这封信发到群里。"

"妮妮、大瑶，你们别闹了。"小茜拉住两人，说，"闹大了对谁都不好，收敛一点吧。"

小茜把两人拉到座位上，她们才没有闹出更出格的事。

事后，吃了亏的妮妮再也不敢随便揭露别人的隐私了。大瑶为推人的事当面给妮妮道了歉，但是，从此不再和妮妮多说一句话。

从那以后，"八卦会议"再也没有开过。

绯闻
夸张
严肃

刷刷姐姐
有话说

聊天的艺术

聊天，对青春期的女生来说，是人际交往中很重要的内容。聊天的时候，很容易涉及对方的隐私。把聊天内容引导到健康的话题而不触碰别人的禁区，对女生来说，是一种交往艺术。

聊天是女生们进行信息交流的一种形式，好的聊天内容，意味着信息的交换、兴趣的分享和思想感情的交流，而且总是蕴藏着新鲜的东西，每一个参与的人都会从中有所发现，能够增长知识和才干。

怎么样把聊天变成一种健康的交往方式呢？必须注意几个方面。

1. 大家参与

聊天是两个人或多个人的事，不是某个人的"单口相声"，也不是一个人说教。

聊天是需要交替发言的，每个人都有发言的机会。聊天时，每个人都把自己的意见表达出来，达到交流信息、交换观点的目的，这样聊天才能始终保持热烈的状态，有持续的动力。

2. 保持兴趣

成功的聊天内容，必须是大家都感兴趣的。如果离开了共同的兴趣，聊天就难以继续下去。需要找到各方都感兴趣的话题，不能单从自己的兴趣出发。

但需注意，即使一个很好的话题，也要适可而止，不要拖得太长。要不断寻找新鲜题材，把各方的兴趣维持下去。也就是说，要适时地更换话题。

3. 尊重隐私

古人云："闲谈莫论他人非。"闲聊不应成为传播小道消息、搬弄是非的渠道，聊天的内容一定要真实可靠，不谈荒诞不经、耸人听闻、庸俗下流的事情，也不进行那种单纯打发光阴的毫无意义的聊天。

4. 默契配合

倘若你有一种思想，我有一种思想，彼此交流这些思想，那么，每人将各有两种思想。

聊天需要相互配合，需要默契，需要彼此的呼应，才能产生出智慧的火花。

5. 以诚相见，彼此交心

这是女生聊天应持的基本原则和态度。聊天是感情的交融。聊天时经常会有认识上的分歧，甚至发生争执，只有以诚相见地聊天，才不会影响彼此的感情。

女生小攻略

女生聊天的三原则

聊天是广大女生课间常进行的活动，如何拿捏聊天的尺度呢？学学下面的三原则吧！

1. 讲究礼貌，态度真诚

聊天是女生的一种交际活动，只有真诚、谦虚、有礼貌地参与其中，才会为自己加分。

在聊天时，不要吝啬你的赞美之词。

记得要神情专注，不要东张西望，心不在焉。最好是注视对方的眼睛，表情自然，语气温和。

要有适当的动作，但不宜太大，更不要手舞足蹈。

不要坐得太远，也不要太近，注意不要唾沫飞溅。

总之，要以友好的态度、积极的情绪全身心地投入，才会让交谈有声有色、妙趣横生，从而享受聊天的愉悦。

2. 注意场合，减少干扰

聊天也需要注意场合。比如，在教室里聊天一定要有分寸。教室里常有人进进出出，聊天时要注意言辞，避免无意中伤害他人。

千万记住，上课时间和自习时间是不能聊天的，否则会影响别人学习。

3. 适可而止，善始善终

再令人兴奋的聊天内容，也不能无休止地聊下去。在恰到好处的时候中止，使大家都感到满意，并

为下一次聊天创造条件。

　　要留意对方的暗示。如果对方对聊天内容已经没有兴趣，又利用"身体语言"做出希望到此为止的暗示，比如频繁地改变坐姿，或问你明天有什么打算，你就要考虑中止话题了。

　　如果大家对一个问题的观点不一致，出现了僵局，这时你千万不要逞能收场，以免给大家留下一个不愉快的结尾，最好换一个话题，说到融洽时赶紧收兵。

5 站在朋友的肩膀上

进入青春期的女生，开始面临越来越复杂的人际关系，很多时候，我们不一定非要打败对手。合作，才是走向成功的最好办法。

羽毛球冠军沫沫最近压力很大，她一放学就泡在训练馆里，连饭都顾不上吃。

自从去年拿到全区小学生运动会羽毛球女子单打冠军后，大家就对沫沫抱着很大希望，老师希望她能代表学校拿到全市的女子单打冠军。

"沫沫，再有一个月就要举行全市小学生运动会了，两年一届呀。羽毛球是咱们学校的强项，可是，上届女子单打的冠军却被别的学校抢走了，今年咱们一定要夺回来，就看你的了。"老师语重心长地说。

"不是还有全校的选拔赛吗？咱们学校的羽毛球高手可有好多呢。"沫沫说。

"你去年刚拿了全区的冠军，学校选拔赛一定没问题的，况且你有身高优势，爆发力好，我看好你哦！"

沫沫和老师击掌，说："嗯，我一定加油！"

其实，拿到全市的冠军也是沫沫的梦想，沫沫今年已经六年级了，这恐怕是自己代表学校参加的最后一届比赛啦。

羽毛球校内选拔赛在周四的下午开始了，共有各班级选出的八名女运动员参赛。

前两轮，沫沫都轻松地赢了，一路杀到了决赛。

体育馆中，已经挤满了老师和同学，大家都是来一睹羽毛球女冠军的风采的。

决赛第一局，沫沫又是轻松获胜，胜利就在眼前了。

第二局沫沫也以为

胜券在握，不料快要结束的时候，对手突然发起绝地反击。连续几个吊球，沫沫的步伐都没能跟上，丢了分。沫沫急得手心冒汗，可越是着急，就越打不好，结果让对方把比分扳平了。

沫沫可从来没有遇到过这种情况，关键的第三局，她完全不在状态，就像梦游一样，她甚至听到场边一些人说她会输的嘀咕声。最终，沫沫输掉了比赛，也就丢掉了参加全市比赛的资格。

比赛结束后，球场立刻变得空荡荡的，沫沫一个人坐在场边暗自垂泪，感觉自己被整个世界抛弃了。就在刚才，还有很多同学为自己鼓掌喝彩呢，但是，一输了比赛，他们连人影都不见了，就连曾经鼓励自己拿全市冠军的老师，也不知所踪……

"喝口水吧！"刚才被沫沫淘汰的五年级的小宸正站在沫沫身边，手里端着一杯水。

"走开，别烦我！"沫沫一肚子的委屈，全让小宸给撞上了。

小宸没有离开，只是静静地站在沫沫后面。

过了很久，沫沫准备起身离开，转头一看，小宸还在呢。

"别人都走了，你怎么不走啊？"沫沫好奇地问。

"我……我喜欢看你打球。"小宸腼腆地说道。

"我是个失败者，你没必要喜欢我。"沫沫说。

"没有啊，只要站在赛场上，就是成功者。"

"可是，我还能站在赛场上吗？"沫沫觉得小宸的话有些道理，而自己最伤心的就是失去赛场。

"当然能，只要你有信心！"小宸挥着拳头说。

"可是我已经输了比赛，没有资格参赛了。"沫沫失望地说。

"不一定啊，不是还有双打的资格赛吗？你可以参加双打的。"

"双打？可是我从来没练过双打，再说，都这时候了，我到哪里去找搭档。"沫沫无奈地说。

"我啊，我一直等你，就是想做你的搭档！"小宸兴奋地说。

听小宸这样说，沫沫很惊讶，问道："你……你行吗？"

"我已经仔细观察过了，刚才这场球你就输在脚步和网前技术上。我的优势是移动灵活，网前技术好。我们俩搭档，正好能互补，一定全市无敌！"小宸说得好兴奋。

沫沫愣了半天，觉得小宸说得很有道理，自己真的还有机会。

"那我们抓紧练吧！"沫沫握起球拍。

第二天，当沫沫带着小宸说要参加双打资格赛的时候，老师吃了一惊，随后他乐开了花："你们俩搭档，真是个好主意啊，我怎么没想到呢？我选两个男孩子和你们一起练球！"

太好了，和男孩子一起练球，一定进步很快！

沫沫和小宸都自认为是一对绝佳搭档，两人满怀信心地进了训练场。

可是，到了球场上，竟然完全不是想象中的样子，两个人乱成一团，完全不堪一击。

有一次，一个球落在了沫沫和小宸的中间，两个人竟然都在等对方去接，结果球落了地。沫沫又急又气，摔了球拍

不打了，拿起衣服就出了训练场。

到底出了什么问题呢？小宸也想不通。

资格赛近在眼前了，看来，真的是没什么希望了。

难道就这样放弃吗？不，在小宸的词典里，还没有"放弃"这个词呢！

小宸找到老师分析原因，老师告诉她，双打需要默契，而默契的基础是相互信任，她们的技术都没问题，现在最需要的是多沟通，建立信任关系，只有这样，才有希望。

小宸点点头，似乎明白了其中的奥秘。那到底怎样才能做到信任对方呢？突然，她想到一个好主意，立马就去找沫沫了。

已经到了中午放学的时间，沫沫正在教室里发呆呢。

"来，我们一起回家吧！"小宸走过去，拉起沫沫的手说，"我们玩一个有趣的游戏，在回家的路上你假扮盲人，由我来领你回家，你不许偷看，一切都要听我的指令。"

沫沫很奇怪地望着古灵精怪的小宸，猜不透她的心思。

"好了，我现在先把你的眼睛蒙起来！"

沫沫的大脑一片空白，跟着小宸走了起来。

"好了，现在我们要上台阶了，左脚抬高一些，好的，很好，继续迈右脚……"

刚开始，沫沫有些紧张，但是，慢慢地，拉着小宸的手让她感到很安全，很温暖。沫沫心想：要是在球场上能像现在这

样，把对方当成自己的眼睛，一定不会出现接不到球的问题。

沫沫把自己完全交给了小宸，脚下的步子迈得越来越稳，也走得越来越快了。

从这以后，只要一有机会，小宸就会拉着沫沫玩这个游戏。渐渐地，两人配合得越来越好。与此同时，在练习打球时，沫沫感觉轻松了许多，有什么想法她会及时地和小宸交流。如果小宸出现了失误，她也不再埋怨，而是拍拍小宸的肩膀，安慰她，鼓励她。

沫沫和小宸相互支持，连陪练的男生都羡慕了，他们更加卖力地帮沫沫和小宸练球。很快，资格赛的比赛日期到了。资格赛只有四组选手参加，沫沫和小宸一场比一场打得好，也越来越有默契，只要一个眼神，就能知道对方的意图，两人配合得天衣无缝。

最终，沫沫和小宸获得了资格赛的冠军，得到了参加全市比赛的宝贵机会。

搭档
鼓励
磨合

小宸高兴得像一只小鸟，沫沫按住她说："不要激动，我们才刚刚开始！"

在沫沫的心里，获得全市冠军一直都是她的梦想，现在，有了小宸，多了一份力量，就更加有信心了。

不到一个月的训练，沫沫和小宸磨合得越来越好，她们满怀信心，期待着全市大赛的到来。

朋友可以帮我们创造奇迹

鳄鱼是很凶残、可怕的动物，可它也会遇到困难，比如鳄鱼无法自己清理牙缝里的食物残渣，这些残渣会使它没有食欲，长时间感觉牙齿不舒服，隐隐作痛。这时候，飞来了一只小鸟，它有着小巧的身子、尖利的嘴。小鸟饥肠辘辘，可它的身体太小，不够强大，发现的食物总是被别的动物抢走。此时，鳄鱼齿缝间的食物残渣，在它眼里就是上等的美食。

小鸟会落在鳄鱼嘴里，吃鳄鱼

牙缝里的残渣。同时，鳄鱼也会张大嘴巴一动不动，让小鸟在它嘴里饱餐一顿。

你一定会很惊讶，鳄鱼为什么不吃送上门的美食？其实原因很简单，因为鳄鱼需要这个身体小却很能干的小鸟来帮它清理口腔中的残留食物。小鸟又为何冒险去当鳄鱼的"口腔清洁师"呢？因为它需要食物，鳄鱼齿缝间的食物残渣正好可以让它美美地吃上一顿。因为相互需要，小鸟和鳄鱼成了最好的朋友。

我们人类也一样，很多时候，我们不一定非要打败对手，也许相互支持，也同样会走向成功。因为一个人不管有多大的能力，也有他做不到的事。这时，便需要朋友的帮助和支持。

牛顿曾经说过，他是站在巨人的肩膀上才获得成功的。对于我们来说，与朋友互相支持，可能会离自己的梦想更近一步。

刷刷姐姐至今还记得小学四年级时学校举行的一次女生拔河比赛。每班派二十个人参加比赛，我们一班的对手是二班。"嘟！"哨子响了，双方都鼓足了劲，拼命把绳子向自己这一边拉。两边的啦啦队也在使劲喊着："加油！加油！"

刚开始，两队不分上下。可是，慢慢地，我们这一边的绳子变得有些歪歪扭扭，虽然我们都拼命往回拉，可无济于事，第一局我们输了。

我们班的女生真的不行吗？大家都垂头丧气。这时，老师让我们自己分析原因。大家发现：我们的绳子歪歪扭扭的，说明我们没有往同一个方向使劲，只有大家往同一个方向使劲，才有可能获得胜利。老师点点头，鼓励大家重树信心。

后面两局，大家精神高度集中，步调一致，力气往同一个方向使，最后我们一鼓作气，取得了胜利！

听到胜利后的掌声，我们都悄悄流下了眼泪。如果每个人都认为自己是最好的，不去支持别人，又怎么可能取得胜利呢？

现在很多女生是独生女，在家里都是自己说了算，不懂得与人合作。更有一些女生，觉得自己非常优秀，不屑与人合作。她们忘记了，合作是人类生存的基本方式之一，如果没有合作，人类恐怕早就被别的生物消灭了。

我们都知道狼是凶狠的动物，但是，狼之所以能生存下来，很大程度上靠的是合作。

在广阔无垠的原野上，一群狼踏着积雪寻找猎物。雪太厚了，为了能够保存体力，狼群通常采取单列行进，即所有的狼一匹挨一匹地前进，领头狼走在最前面作为开路先锋。

要在厚厚的积雪中走出一条路，领头狼往往需要消耗巨大的体力。但是，也正是由于领头狼的努力，狼群才得以在开辟好的道路上轻松前进，从而保存了狼群的体力。

一段时间后，领头狼累了，这时，它就会让到一边，紧跟在它身后的狼就会自动补上来，接替它的位置。退下来的狼可以跟在队尾休息一下，养精蓄锐，迎接新的挑战。

就这样，狼群凭借团队合作，最大程度地保存了体力，也最大程度地保证了捕猎成功。

合作，意味着生存；分散，意味着灭亡。

一个人追求完美本无可厚非，但过于执着地想独自做到尽善尽美，往往会事与愿违。很多时候，得到朋友的支持和帮助，更容易成功。

女生小攻略

黄金搭档的组合技巧

你想拥有自己的黄金搭档吗？快来学习下面的小技巧吧！

1. 认真选择合作者

成功的合作离不开合适的人选。仔细分析你所选的人的技能、经验、动机，以及脾气和性格，你可以选择志趣相投的人，也可以选择互补的人。

2. 懂得分享

假如你们都不愿意分享，那么即使你们再聪明，也不会成功。真正的合作需要敞开心扉，真诚地对待伙伴，全身心地投入。只有这样，你们才会产生创造性的想法。

3. 认真有效的沟通

沟通是你们成功的基础，但必须注意和伙伴沟通的方式，包括说话的语气、语速的快慢等，选择让伙伴最舒服的方式进行沟通。

4. 明确目标和步骤

合作要有目标，不能毫无目的地"混"在一起。另外，当合作目标确立后，一定要有达到目标的步骤和时间表。

5. 给对方提要求

在一个组合中，每个人的能力是不同的，要明确各自的责任，还要提出要求，让大

家知道自己该做什么。如果大家都是"老好人"，组合就没有了发展的动力。

6. 彼此尊重

每个人都希望在合作中被尊重。然而，口头上或者非口头上的争执很难避免，还有如迟到、事先不做准备等，都可能给组合带来考验。组合的每一位成员都需要相互尊重，这样才会走向成功。

7. 赞誉和感恩

要经常坦率地给予伙伴赞扬和认可，不要把表扬和认可悄悄装在心里，一定要找机会表达出来，大声地给伙伴加油、喝彩。

6

距离是一种美

好朋友之间互相关心是毋庸置疑的，但每个人都有自己的生活方式和相对独立的生活空间。如果任何事都不分你我的话，也会使友情陷入一种尴尬的境地。

幸福就像影子，当你使劲追赶的时候，你抓不住它；而在你向前走时，它就紧紧地跟在你身后。

这是丽丽写在日记本里的一句话。

一直以来，丽丽都想有一个好朋友，和好朋友聊聊心里话，分享不能说给妈妈听的小秘密，那该是多么幸福的一件事啊！

直到遇见小米，丽丽才突然发现，幸福原来就悄悄地跟在自己身后。

丽丽和小米第一次见面，是在初一报到的时候。那天，她们都穿了泡泡纱的蓝色连衣裙，傻傻的学生头，个子也一般高，看背影真有点双胞胎的感觉。

丽丽一眼就注意到了小米，巧的是，她们竟然被分在同一个班。排座位的时候，老师看她俩很像双胞胎，就索性让她们坐在了一起。

成为同桌后，两个人都很开心，聊得十分投缘。

不到一个月，丽丽和小米成了班里的第一对好朋友，出双入对的，连上厕所都要手拉着手。

小米虽然比丽丽大五个月，但是从小娇生惯养，什么事都让丽丽做主，买什么颜色的衣服，穿什么样的袜子，选什么样的书皮……连买一块橡皮都要丽丽陪着去。

而丽丽呢，也很享受有这样的闺蜜，感觉小米就像自己的大宝宝，太有成就感了。最重要的是，小米还是个非常大方的人，从来不对小事斤斤计较。

国庆节刚过，丽丽的奶奶突然去世了，小米听说后，陪着丽丽哭了一夜。看着小米哭肿的眼睛，丽丽心

疼地想：一定要和小米做一辈子好朋友。

因为奶奶去世，爸爸妈妈的工作单位都是朝九晚五制，中午根本没时间回家做饭，丽丽也就不能回家吃午饭了。

"你和我一起去'小饭桌'吧，那样，整个中午我们都能在一起啦！"小米建议说。

"好啊，以后中午我们一起睡午觉！"对丽丽来说，也许这是她最近一段时间听到的最好的消息。

自从丽丽和小米一起去"小饭桌"以后，她们

俩就好到不分你我的地步了，她们穿一样的衣服、一样的鞋子，甚至连袜子都是一样的。

在全班同学的眼里，丽丽和小米简直就是双胞胎的代名词。

初冬的一个晚上，丽丽刚刚做完作业，突然接到小米的电话："丽丽，快来救救我啊，我不行了！"

"怎么回事？"丽丽焦急地问。

"我肚子疼得厉害，妈妈又出差了，你来陪陪我吧。"

"好，你坚持住啊，我这就过来！"

放下电话，丽丽收拾书包准备出门。

妈妈看丽丽神色慌张，就问："出什么事啦？天都黑了，你还要出门啊？"

丽丽一边收拾一边说："小米身体不舒服，我去陪陪她。"

"哦，好吧！"妈妈知道小米是丽丽最好的朋友，

虽然心里不愿意，也不好阻拦，"都这么晚了，让你爸爸送你去吧，多穿点衣服，外面冷。"

丽丽点点头，没想到还得麻烦爸爸，真有点过意不去，但是，小米正在受苦呢。

小米一见到丽丽就眼泪汪汪的。

丽丽问："还疼吗？"

"还疼，可能是吃坏肚子了。"小米有气无力地说。

"别担心，喝点药，晚上我陪你啊！"

丽丽原想着陪一个晚上，等小米好些了就回自己家去，可是，小米却不依，一连好几天，都要丽丽陪着。

更要命的是，以后只要有一点不舒服，小米都要丽丽去她家陪她，即使小米妈妈在家也一样。

"丽丽，我的脚好凉啊，帮我暖暖吧。"每次睡觉的时候，小米都会把脚伸到丽丽的身体上取暖。

当一阵冰凉感穿透丽丽的皮肤之后，丽丽突然觉得，原来有好朋友的生活这样累啊，小米是不是太黏人了？

这样的想法在丽丽脑子里冒出几次后，丽丽陷入了矛盾和痛苦之中。到底怎样的关系，才是真正的好朋友呢？是自己和小米这样的亲密无间，还是像书上说的那样，"君子之交淡如水"？现在这样和小米在一起，自己真的幸福吗？

丽丽开始认为，小米表面上是自己的好朋友，实际上是自己的负担！

这样的想法很快在期末考试后得到了印证——丽丽的成绩直线下滑，竟然还有一门课成绩不合格。

看到成绩后，妈妈劝丽丽："在你这个年龄，朋友很重要，但是，朋友不是你生活的全部，学习才应该是第一位的。真正的朋友，是能互相激励、互相促进的，而不是整天黏在一起，忘记了自己的

人生目标。"

妈妈的话让丽丽警醒，没错，是该改变这一切了。

丽丽专门约了小米谈这件事。一见面，小米就高高兴兴地说："假期我们去上轮滑班吧，我都选好了！"

"小米，真的很抱歉，轮滑班我不能和你一起去了。"丽丽说。

"为什么呀？你要是不喜欢，我们换别的活动

也可以，只要和你在一起就行啦。"小米拉着丽丽的胳膊说。

"不行，小米，我觉得我们走得太近了，应该适当保持距离，这样对谁都好。"丽丽鼓起勇气说出心中的话。

"什么？保持距离！"小米瞪大眼睛，"我知道，你是嫌我烦了吧？你这是背叛！"说完，小米就哭着跑开了。

丽丽没有去找小米，而是心事重重地回了家。

对丽丽来说，现在最重要的是适应全新的生活。她给自己制订了详细的学习计划，上学期落下的课程，一定要补上，不然，整个初中的学习都会受影响。

小米很久没有打电话来了，丽丽把自己做的练习题悄悄准备了一份寄给小米。

整个假期，丽丽都没有和小米见过面，也没有

矛盾
亲密无间
高高兴兴

收到过小米的一条短信。

新学期开学，丽丽很担心和小米见面：她会不会不理我呢？

报名那天，丽丽特意穿上她们第一次见面时穿过的蓝裙子，让她吃惊的是，小米也穿着那件裙子。

再见面的那一刻，两个人都笑了。

小米比以前成熟了许多，她说："你说的没错，距离的确可以产生美。谢谢你，丽丽，让我们重新做朋友吧。"

丽丽给了小米一个紧紧的拥抱，她相信，自己一定会和小米成为一生的好朋友！

刷刷姐姐
有话说

真正的友谊

到底什么样的友谊才算得上真正的友谊呢？可能很多女孩都会有这样的疑问。

真正的友谊应该是"淡而不断"的。朋友之间不需要利益的交换，重要的是真诚的关心，只有超脱利害关系的友情才更加珍贵。

友谊是一本书，每天读着它，你会从中学到很多道理；友谊是一把伞，当你面临狂风暴雨时，它会为你遮挡风雨；友谊是一缕阳光，

在你寒冷的时候，它会温暖你的心窝；友谊是一杯甘甜的水，在你口渴的时候，它会滋润你干裂的双唇……

只有最朴实的友谊才是最持久的友谊。朋友间相互理解、相互欣赏、相互尊重，友谊就会越来越浓。

好朋友之间互相关心是毋庸置疑的，但每个人都有自己的生活方式和相对独立的生活空间，如果任何事都不分你我的话，就会使友情陷入一种尴尬的境地。

朋友之间的感情是亲情无法替代的，在生活中的某个瞬间，你会发现，最好的朋友就像另一个自己，你们有一种心有灵犀的感觉。但也有这样的时候，朋友会突然让你感到压抑和窒息……

处于青春期的女生非常依赖友情，希望有一个能和自己亲密无间的朋友。有的女生甚至把好朋友当成自己的一切，认为好朋友之间不能有秘密。

刷刷姐姐经常遇到这样的例子：有两个特别要好的女生，同吃同住，好得就像一个人，彼此都对对方了如指掌。由于她们太熟悉对方而不分你我，把对方的秘密当成自己的告诉别人，严重影响了彼此的正常生活，也使朋友关系难以维持。由此，我们应该懂得，就算是最好的朋友，也要适当保持距离。

两个好朋友能够志同道合，在学习上互相帮助，在生活上互相关心，而又保持相对独立，不打扰对方的私人生活，这样的友谊才是真正友谊，相信这也正是很多女生所追寻的。

没有距离就没有真正的朋友。保持距离就是给自己留出一个空间，也是给对方留出一个空间。彼此都有了自己的空间，才能和谐相处！

女生小攻略

与朋友相处的秘诀

如何和朋友更融洽地相处呢？

1. 切忌炫耀

有的女生虚荣心比较强，尤其是在朋友面前表现更为明显，这可能会引起朋友的反感，所以相处时尽量不要炫耀。

2. 适当保持距离

真正的友谊如同两棵并肩生长的树，根系深埋于土壤中独立汲取养分，枝叶则在阳光下温柔

交错，共享温暖却不彼此缠绕。所以和朋友也需要保持适当的距离。

3. 严守秘密

作为对对方知根知底的好友，一定要懂得保守秘密。

4. 共同成长

现在的女生对自我要求很高，如果一个人进步很快，而另一个人却始终没有进步，彼此就很难维系良好的友谊。

5. 要有分寸

人越成长，会越重视面子，千万不要在公众场合，尤其是在同学面前，肆无忌惮地拿朋友开玩笑。

7

竞选班长

人只有融入团队，才能更大程度地发挥自己的作用，因此，每个女生都应该努力学习别人的长处，弥补自己的不足，使自己能顺利融入团队。

作为小学阶段最后一次班干部选举中的重头戏，六（3）班的班长竞选格外激烈。

有两个热门人选成了大家关注的焦点，一个是学习成绩一直名列前茅、多才多艺、活泼开朗的女生阿娇；另一个是家境富裕、人缘极好的女生璐璐。

阿娇的优势很明显，别说在六（3）班，就是在全校，比得上她的人也寥寥无几。所以，阿娇一开始就对竞选充满信心。

但是，作为阿娇竞选团队的头号"军师"，敏敏可不这么想。你瞧，她又得到了璐璐的最新动向。

"阿娇，你要小心啊，璐璐又在搞鬼了，听说她请了好几个同学周末去看电影呢，而且全是这次竞选中的'中间摇摆派'。"

"别担心，看她还能搞出什么花头来，我相信群众的眼睛是雪亮的，一定能识破她的诡计。"阿娇自信地说。

"哎呀，要我说，这次你要是输，肯定就输在自负上。"看起来，敏敏比阿娇还要着急呢。

"自负？我这是自信哦！"阿娇一副满不在乎的样子。

看来，这样劝是不起作用的，敏敏心想，一定要让阿娇知道自己现在的人气状况。

"好吧，那我们打个赌，我们选几个'中间派'的人，让他们给你打分，看大家对你的印象如何。要是真像你说的那么好，我请你吃雪糕；不然，你要请我去吃大餐。"敏敏提议道。

"为什么我输了要请你吃大餐,你输了就只请我吃雪糕?太不公平了吧!"阿娇说。

"哈哈,那当然了,是你竞选班长,不是我呀!"

测验结束后,拿到大家的评价,阿娇惊呆了。看看大家都写的什么吧!

高高在上、冷若冰霜、瞧不起人……竟然没

有一个好听一点的词，这回轮到阿娇傻眼了："为什么会这样啊？原来在大家眼里，我竟是这样一个人！"

敏敏笑着说："没错，你就是脱离群众。知道竞选班长什么人的支持最重要吗？"

看了评价的阿娇，现在变得像一只温顺的猫，一切都听敏敏的，她瞪着一双大眼睛说道："不知道，难道不是你们这些好姐妹的支持吗？"

"笨，要是光靠咱们几个姐妹，你就能当上班长，那还竞选什么呀！"敏敏神气地说。

"也对啊。那你说谁最重要呢？"阿娇始终想不出答案。

"最重要的就是那些'潜力生'啊。你是学习尖子，自然是'潜力生'们羡慕的对象，但是，他们觉得你很遥远啊……如果你能帮助他们解决学习上的难题，提高成绩，他们就一定会支持你！"

自讨没趣
激动
亲切

"对呀!"听完敏敏的话，阿娇恍然大悟，激动地站了起来。

随后，阿娇和敏敏一起选出了几位"潜力生"，由阿娇牵头，打算成立"帮学社"。

可是，成立"帮学社"这个想法一提出来，就遭到几个"潜力生"的反对。在他们看来，阿娇完全是在作秀，才不会真正帮他们呢!

阿娇又来向"军师"求救啦："敏敏，他们都不理我啊，怎么办? 我总不能强迫他们和我一起学习吧!"

"你这样一副居高临下的样子，谁会跟你一起学习呢? 你先得和他们交朋友。"

"交朋友? 嗯，让我想想……好吧，多交几个朋友不会错。"

从敏敏那儿学了高招，阿娇再次去找那几个"潜力生"。她一开始并没有提学习，而是聊起了他们最感兴趣的足球。

"没想到你也懂足球呢，我还以为你只知道学习和选班长呢！"一个男孩取笑说。

"哈哈，小瞧我，我会的多着呢，不服气我们杀一盘。"阿娇知道那个男生最得意的是自己的棋艺，就主动挑战。

"好啊，摆上，怕你就不是男生。"男孩立刻从

书桌里拿出象棋来。

阿娇稳扎稳打，步步为营，很快就把男孩逼到了绝路。

"将！"阿娇的一颗棋子落下后，周围的人立刻大笑起来。男孩毫无还手之力，打从心底里佩服起阿娇来。

这时，璐璐正好经过，看竞选对手阿娇和几个"潜力生"在一起下棋，心里乐开了花，讽刺阿娇道："怎么，对自己没信心了？怎么和他们混在一起了？"

那些男生一听这话，马上反击说："你是说和我们在一起就没前途吗？和你这样的人在一起才悲哀呢，一身铜臭味！"

璐璐自讨没趣，只好赶紧走开。

"阿娇，我加入你的'帮学社'！"输棋的男孩第一个站了出来。

"我们也加入！"随后，几个"潜力生"都愿意和阿娇站在一起。

随着和这些"潜力生"的交往越来越多，阿娇发现他们身上有很多闪光点，和他们在一起，阿娇总能感受到朋友的无私关怀。

慢慢地，阿娇似乎忘了竞选班长的事，全身心扑在"帮学社"的事上。

"阿娇，你整天都在忙'帮学社'的事，是不是忘了竞选班长啊？"敏敏提醒道。

阿娇微笑着告诉敏敏："我现在发现，'帮学社'比竞选班长重要多了，无论能不能当上班长，我都会把'帮学社'的事做好。"

敏敏觉得阿娇变了，变得更加温暖、亲切，不再是以前那个高高在上的阿娇了。从心底里，她更喜欢这样的阿娇。

最终，阿娇顺利当上了班长。之后，她做的第一件事就是扩大"帮学社"，连璐璐这样的竞争对手，也被吸引进来了。

刷刷姐姐
有话说

怎么才能与大家"打"成一片

要想和大家"打"成一片，需要做到以下几点。

首先，要审视自己，给自己在群体里的定位一定要准确。心态要平和，因为你融入的是一个群体，不是你自己的家。群体的精神就是相互配合，人没有十全十美的，最主要的是把自己的事情做好。

其次，你需要解决的是人际关系问题。很简单，只要真心喜欢别人，坦诚相待，一定也能收获对方的真心。

再次，学会在大家聊天的时候找到话题。这一点可是与你的知识面有关哦。知识太少是不行的，你可以多看看各类书，然后就会有说不完的话题。

最后，在群体生活中你需要学会聆听和微笑。有时候交流不需要语言，当他人说得津津有味时，你所要做的就是微笑着聆听，并适时给予对方鼓励和肯定！

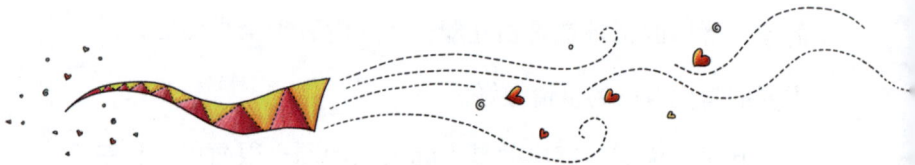

女生小攻略

快速融入你的团队

人只有融入团队，才能更好地发挥自己的作用。因此，每个女生都应该努力学习别人的长处，弥补自己的不足，促进自身能力的发展和提高，使自己顺利融入团队。

怎么才能快速融入一个团队呢？

1. 学会关心别人

孟子说："爱人者，人恒爱之。"你主动伸出善意的手，别人也会向你伸出善意的手。

如果你期望被人关心和喜爱，那你首先得关心和喜爱别人。关心别人，帮助别人克服困难，不仅可以赢得别人的尊重和喜爱，而且，你的关心会引起别人的积极反应，会给你带来满足感，因而也会增强你与人交往的自信心。

除了关心别人之外，有了困难你也要学会向别人求助，有来有往，对方才会感到轻松自然，这样就会增进你们之间的情感交流。

2. 学会正确评价自己和别人

在人际交往中，你对自己的评价越正确，你的行为就越自然，表现也越得体。评价别人时难免带有偏见，结果常常会"失真"。要想与人和睦相处，你必须丢掉这些偏见。

3. 学会一些交际技能

如果你能掌握一些与人交往的技能，你就会很容易和别人"打"成一片。例如，多学会几种文体技能，如打球，你会发现自己在许多场合都能成为受欢迎的人。

4. 坚持自己的处世原则

在和同学们的交往中，要坚持和而不同。即你要融入群体，但也要有自己的处世原则，而且还要把原则明白地表现出来，让别人知道你是一个怎样的人。这样，别人知道了你的原则，就不会要求你做你不愿做的事，而且，你也不会因拒绝别人而影响彼此间的感情。

5. 学会和别人交换意见

良好的人际关系离不开相互了解，因此，经常找机会与同学们聊聊天、讨论一些问题、交换一些意见是十分必要的。

8 脱掉"小气"的外衣

人不仅要有大山的精神，更要有大海的胸怀；要通情达理，懂得为人处世的道理，遇事能够依理而行；学会付出，快乐和幸福不能仅靠物质，更要靠自己内心的高尚和正直。

"妮妮，下一节是什么课呀？"小芝一边翻找着课本，一边问。

"语文啊！"

"呀，我的语文书忘带啦，可能是昨天晚上预习完课文忘了装进书包，这可怎么办啊？"小芝焦急地说。

"随便找本书放在课桌上，反正都有书皮呢，只要你不打开，老师哪能发现呀！"妮妮帮小芝出主意说。

"好吧，只能偷梁换柱啦！"

虽然听了妮妮的鬼点子，但是，小芝还是紧张得要命，总觉得老师在看自己的课本。

"现在请大家打开课本，我们一起朗读一下课文。"

糟啦，朗读课文！小芝只好打开放在桌上的数学课本，装模作样地读起来。

　　"大家停一下。"刚刚读了几段，老师突然让大家停下来，"接下来的这两段，请小芝同学来读一下！"

　　哎呀，一定是老师发现自己没有课本啦！

　　"我……我忘带课本了。"小芝只好站起来承认。

　　"忘带课本没有关系，可以和同桌一起看啊，为什么要装呢？"

　　小芝脸红红的，可是，妮妮会把课本给自己看吗？

　　"妮妮，把你的课本借给小芝。"老师说。小芝接过课本，把剩下的两

段课文读完了。

坐下之后，小芝长舒一口气，把课本放在了自己和妮妮中间。为了让妮妮看起来方便，小芝一直扶着课本，并尽量往妮妮那边放。

可是，妮妮还是一副看不着的样子，斜着身子，腾出一只手来按住课本。就这样，课本渐渐地完全移到了妮妮面前。

小气鬼！小芝在心里暗暗地抱怨妮妮，可是，又有什么办法呢？妮妮小气，小芝是最清楚的。

虽然两个人住在同一个小区，但是，妮妮从来没有同小芝分享过自己的一件东西，倒总是用小芝的东西，就连一块橡皮，也要借小芝的用，而她自己的，连包装都没有拆开过，静静地躺在她的笔袋中。

马上到放学的时候啦，天色突然暗了，不一会儿就狂风大作，下起大雨来。

"哎呀，怎么下这么大的雨啊，怎么回家呀？"没带雨伞的同学都焦急地看着窗外。

"我带伞了，我们一起回吧。"带伞的同学主动邀请没带伞的同学，一个个结伴出了教室。

最后，教室里只剩下妮妮和小芝了。

"怎么，不回家吗？"小芝问妮妮。

"我没带伞……"妮妮小声说。

听妮妮说没带伞，小芝心里立刻涌上一股快感：连语文课本都不愿让我一起看，现在倒霉了吧，没有伞，看你怎么回家。

小芝拿出书桌里的备用雨伞，背上书包走到了门口。突然，她停下了，转过头对妮妮说："我们一起走吧，我带伞了。"

本来小芝想报复一下妮妮的，可是，走到门口，看着外面的大雨，小芝的心就软了下来。妮妮愣了一下，立即背上书包跟了出来。

　　小芝放在课桌里的雨伞是一把备用伞，本来就不大，而且还断了一根伞骨，伞的一角耷拉下来，雨水顺着伞角直往下灌。

　　小芝尽量把伞撑向妮妮那边，结果，雨水都浇到了自己的后背上。

　　"妮妮，我送你到楼下吧！"

　　小芝一直走到妮妮家楼下，等妮妮进了门，才转身离开。

　　"小芝，"妮妮突然喊住了小芝，"语文课本的事，对不起。"

　　"没关系。"能听到妮妮道歉，小芝的心里平衡多了，正要走，听

见妮妮又在叫："小芝，你的后背都湿了！"

"哦，不要紧，回家换件衣服就好了。"小芝对妮妮微笑了一下，消失在大雨中。

第二天，天空放晴，空气格外好。经过昨天的事，妮妮觉得自己以前对小芝太过分了，她忐忑地想，不知道小芝以后还会不会把自己当朋友。

应该郑重地向小芝道歉，并请小芝去吃好吃的。

妮妮想了好多要对小芝说的话，但是，直到上课铃声响了，依然没看到小芝的身影。

小芝为什么没来上课呢？妮妮的心里犯起了嘀咕。

第一节课一下课，妮妮就去找老师问小芝为什么没来学校，老师告诉妮妮，小芝发烧了，所以才没来。

一定是昨天淋雨了！妮妮一听小芝发烧了，心里愧疚极了，和小芝比起来，自己真的太小气、太

自私了。

　　不行，我一定要为小芝做些什么，到底做什么呢？

　　对了，小芝现在最需要的是别落下今天的课。想到这里，妮妮找来一本空白的本子，认真记下了两份笔记。

一放学，妮妮就飞奔到小芝家里。

此时，小芝已经退烧了，正躺在床上看今天的新课内容呢。

"小芝，好些了吗？"妮妮说着，掏出了那本笔记本，"我把今天老师讲的都记在本子上了，你对照着看看，有什么问题，我们一起来解决！"

看着手里的笔记本，小芝眼圈红了。

"小芝，你怎么了？哪里不舒服吗？"妮妮关切地问。

"没有啊，我只是觉得，我这次病得很值。"小芝破涕为笑。

妮妮愣了一会儿，突然明白过来了，说道："不许笑话我！"

说完，妮妮把手伸到被窝里去挠小芝。

妮妮的手一碰到小芝，小芝就忍不住咯咯笑起

偷梁换柱
装模作样
分享

来，一边笑一边哀求："妮妮，饶了我吧，我以后再也不说了！"

两个小姐妹打闹着，笑成了一团。

刷刷姐姐
有话说

遇事不要只考虑自己

从前，有两个朋友一起出去旅行。走着走着，忽然碰到一只熊。其中一个人连忙爬到树上躲了起来。另一人来不及逃走，他听说熊是不吃死人的，马上直挺挺地躺在地上装死。熊走到他跟前，用鼻子在他身上闻来闻去。他屏住气，一动不动，过了一会儿，熊走开了。

躲在树上的人跳下来，问他："熊刚才跟你说了些什么呀？"

这人回答道："熊告诉我，千万不能跟那些在危险时刻只顾自己不顾别人的人交朋友。"

虽然这只是一个小故事，但是，从中可以看出，当你的朋友是一个遇事只考虑自己的人时，你面临的处境是多么艰难。

太小气的人，往往心胸狭窄，心中只有自己，不能容忍别人比自己强，更不能接受他人的批评，只要受一点委屈和无意的伤害，就会耿耿于怀、伺机报复。

太小气的人，往往目光短浅，只顾眼前利益，遇事总是只站在自己的立场，从自己的角度去看待问题，仅仅顾及自己的小利益，从不考虑别人的感受。

太小气的人，往往斤斤计较，抓住一点小事不放，有

时为了一点芝麻大的利益，与别人纠缠不休。

女生不能太小气，要学会心胸豁达，走出自我的小圈子；学会宽宏大量，人不仅要有大山的精神，更要有大海的胸怀；学会通情达理，懂得为人处世的道理，遇事能够依理而行；学会付出，快乐和幸福不能仅靠物质，更要靠自己内心的高尚和正直。

总之，只有付出爱心，才能收获快乐和希望。

在青春期，与人交往是很重要的内容，我们要避免对待朋友太小气。但是，如果不幸遇到一个小气的朋友，该怎么办呢？

在和小气的人交往时，女生们要时刻留心，保持距离，同时参照以下建议。

首先是宽容。小气的人是十分脆弱的，给予他们适度的宽容并不表明我们是软弱的，恰恰说明我们具备了一个强者应有的品质。

其次是远离。如果实在无法容忍小气的人，那么就选择远离吧。远离不是被动地躲避，而是做到两点：一是努力学会宽容他们，二是想出行之有效的好方法，帮助他们走出小气的困境。

最后，一定要小心被传染。谨防小气的"病毒"在我们心中复制，不要为了一点小利益，而让我们培养多年的积极心态土崩瓦解。

女生小攻略

与各种人相处的秘诀

女生要想提高自己的人气，就要学会与不同的人相处。下面，我们就来学学和不同人相处的秘诀吧！

1. 无私好人型

善良的人总是居多数，但是，他们往往被人忽视，他们是你可以真心相处的朋友。和这类人相处，你只要全身心地付出，自然能得到长久的回报。

2. 固执己见型

自以为是的人也不少。和这种人相处，你不妨单刀直入，把他们错误的做法一一列举出来，然后再摆

出自己的观点，他们接受的可能性就大多了。

3. 傲慢无礼型

很多人会摆出盛气凌人、唯我独尊的架势，和这种人打交道，你千万不要低三下四，也不要对抗他们，只需长话短说，把需要交代的事情说完就行。

4. 毫无表情型

有一种人，就算你很客气地和他们打招呼，他们也不会做出相应的反应。其实，并不是他们没有喜怒哀乐，只是他们很压抑罢了。对于这种人，你无须生气，只要将你的真心展示给他们就可以了。当你们慢慢熟悉以后，他们自然会对你敞开心扉的。

5. 沉默寡言型

性格内向、不善交际与言辞的人很多，和他们相处，你需要把谈话节奏放慢，多挖掘话题。一旦谈到他们擅长或感兴趣的事，他们会马上"解冻"，滔滔不绝地跟你聊起来。

6. 自私自利型

自私的人心里常常比较孤独，他们永远把自己的利益放在第一位。和这种人相处，你必须从心灵上打动他们，让他们感受到分享的温暖和可贵。

7. 深藏不露型

这种人自我防卫心理特别强，生怕你窥视到他们内心的秘密。其实，这是一种非常自卑的表现。你想了解他们的为人和心理，不妨和他们多聊几次，熟悉后就容易相处了。

8. 草率莽撞型

这种人乍看起来反应敏捷，但常常忽然做出决断，缺乏深谋远虑，容易做出错误的判断。和他们相处的最好办法就是经常提醒他们，让他们保持清醒的头脑，不要感情用事，不要草率做出决定。

9. 过分糊涂型

有些人总会注意力不集中，行动迟缓，记忆力低下，理解能力也不够，给人痴痴呆呆的感觉。但是，这种人随性、大度，很有人缘。他们其实没什么心机，你只要能宽容他们的一些小失误，你们就会成为很好的朋友。

10. 搬弄是非型

总有一些人不愿闲着，到处打听周围人的隐私，并乐于制造、传播一些谣言，企图从中获得些什么。这种人令人讨厌，但他们并不可怕。你和这样的人相处，最主要的是要明辨是非，不要轻易相信他们的话。

被透支的友情

友情是一个人一生的财富，既然是财富，就必须要经营，要付出时间和精力，而不是一味地想着怎样去透支。

丁丁、阿鲁和木子是学校小草文学社的创始人。

为什么他们会想到办一个文学社呢？这还要从他们三人的相识说起。

从四年级开始，丁丁就已经是全校有名的小才女了，她发表在《小学生作家》上的一篇散文，在当时引起了很大的轰动。

丁丁和阿鲁认识，完全是"以文会友"。记得当初阿鲁拿了自己写的一首诗找丁丁，第一次见阿鲁，丁丁吃了一惊，没想到阿鲁竟然还会写诗呢！

读过诗之后，丁丁就对阿鲁刮目相看了，看不出来，一个大大咧咧的男生，会写出感情这么细腻的诗句。

两人很快熟络起来，他们的话题从中外名著到喜欢的作家，从创作感受到诺贝尔文学奖，丁丁越来越佩服阿鲁了！

"和兴趣相投的人聊天，真的是一种享受呢！"最后，丁丁感慨道。

"既然这样，我们为什么不成立一个文学社，把喜欢文学的人团结起来，大家一起聊天，不是更好吗？"阿鲁建议道。

"对呀，这个主意好！听说好多学校都有文学社，我们学校可从来没有过呢！"丁丁激动地说。

"没错，我们也应该有自己的文学社！"说这话的竟然是木子，不知什么时候，她突然冒了出来，

丁丁和阿鲁都吃了一惊。

丁丁问道："你怎么还没走啊？"

木子笑着说："我本来是走了的，可是，走到半路上突然想起忘带作业本了，就折回来了。谁知道你们两个聊得那么开心，根本就是把我当空气嘛，无视我的存在！"

原来是这样啊，丁丁和阿鲁都笑了起来。

"文学社的事也有我一份！"木子认真地说。

就这样，学校第一个文学社——小草文学社诞生了，丁丁、阿鲁和木子也成了要好的朋友。

丁丁擅长散文，阿鲁是作诗的好苗子。成为文学社的成员后，木子突然感到紧张起来：自己也该拿出个作品来，不然要被大家笑话的。

木子想了好久，最后决定写小说，一来丁丁他们都没有写过，二来小说写起来也容易啊，随便编个故事就好啦。

可是，一连三天过去了，木子连一句完整的话都没憋出来。

算啦，还是求助网络吧，木子从网上随便抄了个故事，拿去请丁丁指教。

丁丁看了一遍，对木子说："你这个写得太假了，一点自己生活的影子都没有。"

木子张大了嘴巴："那怎么办呢？"

丁丁笑着说："我先帮你改改。"

两天后，木子拿到了丁丁改过的小说，看完之后，她很惊讶，这哪里是修改呀，简直就是重写了一遍，不过，确实要比自己从网上抄来的更加真实、感人。

木子随即把小说寄到了《学生天地报》，两个星期后，竟然刊登了出来，上面印着木子的名字。

　　拿到报纸，木子别提有多高兴了。她从报刊亭买来好多份报纸，分发给班里的同学，大家看完都用佩服的眼光打量着她，木子感觉到了从未有过的荣耀和自豪。

　　为了这种虚荣，木子又把从网上抄来的文章拿给丁丁和阿鲁提意见。

　　有了上次的教训，丁丁心里很不乐意，但是，木子在文学社的沙龙上正式拿出了作品，如果不帮着提意见，沙龙就开不下去了。

　　可是，提完意见，木子还是不会修改，天天追

在丁丁后面，没办法，丁丁只好又帮木子修改了。

木子的文章接二连三地在各种小报上发表。阿鲁找到丁丁说："你不能再这样帮木子了，她是在利用你呀！"

丁丁叹了口气说："我心里明白，可是，又没有别的办法。"

"这个木子也太过分了，剽窃别人的文章，却署自己的名字。"阿鲁说道。

"阿鲁，毕竟木子是我们的朋友，你不能这样说她。"丁丁说。

"好吧，你就护着她吧，总有一天，她会吃亏的。"阿鲁气愤地走了。

接着，发生了一件令阿鲁更加气愤的事。

木子突然接到团委和一家报社合办的小学生作家笔会的邀请。她高高兴兴地找到丁丁和阿鲁，向他们展示邀请函。

阿鲁盯着天花板，晃动着双腿，鼻子里哼哼道："祝贺你呀，大作家。"

木子笑着说："谢谢你们啊，还有件事要请你们帮忙呢，邀请函上说要准备一篇最新的没有发表过的作品，我连夜写了一篇，请两位指教啊！"

"又要我们帮你改啊！"阿鲁说着都要跳起来啦。

"帮帮忙啊，都是老朋友了，你们不帮我，谁来帮我啊？"木子厚着脸皮说。

"给我看看吧。"一直没说话的丁丁总算开口了。

"还是丁丁够义气。"木子赶紧把稿子给了丁丁。

在木子临行前，丁丁把修改好的作品和原稿一起给了阿鲁，说："你给她吧，我实在不想再看见她的嘴脸。"

"你呀，就是心软！"阿鲁接过作品说。

踌躇满志的木子带着作品去参加笔会了，在笔会演讲台上，木子声情并茂地讲述着自己"创作"的经历。

突然，有个参加笔会的同学站了起来，挥动着木子的作品说："你这篇文章是抄我的，我前段时间才刚刚上传到网络空间的。"

全场立即沸腾了起来，木子呆在了台上。

第二天，一篇《小作家爆出抄袭内幕》的报道出现在这家报纸上。

　　木子再次成为全校的热点人物，同学们都惊奇地想：木子那些文章到底是怎么来的？

　　阿鲁很快传出消息，木子背后被人们遗忘的丁丁，才是真正的小作家。

　　回到学校，木子立刻找到丁丁质问："我给你的文章你为什么没有改啊？"

　　"我改过了呀，不信你去问阿鲁。"丁丁疑惑地说。

　　"没错，丁丁是改了，只是，当时丁丁把原稿和修改稿都给我了，我也不知道哪篇才是修改过的，就随便给了你一篇。我当时想，要是给错了，你一定能看出来的。可笑的是，你竟然连自己的文章修没修改过都没看出来！"

阿鲁的话让木子更加羞愧，她愣在了原地。

"丁丁，我们走，这样的朋友不要也罢，应该让她得到一点教训了。"阿鲁说完，拉着丁丁走了。

木子的心里五味杂陈，她感觉像做了一场梦，只是，梦醒之后，还能做回以前的自己吗？

友情不能透支

友情就像一个"储蓄罐"里的钱，你不断付出，就是在积累友情，只有这样，当你遇到困难的时候，"储蓄罐"才不会空空如也，而只索取不付出的人，会使人生账户归零，朋友当然不会再为你提供帮助了。

没有人天生有义务要对我们好，我们要主动去关心、照顾别人，才能交到好朋友。

就拿故事中的木子来说，一味要求朋友丁丁帮助自己，却从来不去关心丁丁，无休止的索取和欺骗，最终换来的是和丁丁的决裂。

交朋友必须要交有智慧、真心待人的朋友，当你真正有需要的时候，你可以对他们大哭一场，尽情倾诉。好朋友会激励你发挥所长，找出内心真正的需求，并帮助你实现梦想，而不会冷眼旁观；好朋友在你得到幸福时，也会真心祝福。

真正的友情是什么？是索取，更是感恩和付出。

真正的友情会让你感激每一次相聚的时光，会让你庆幸上天没有让你们成为彼此的过客，会让你分享完对方的巧克力后回报他一个可爱的玩偶，会让你考虑自己的言行给对方的感受……

只知道一味索取、不愿意付出的人，一心只想着从别人那里拿到现成的好处。而那些选择付出的人，无私地向

身边的人伸出援手，他们自然受人尊敬和喜爱。

只有对人坦诚以待、有情有义、交心包容的朋友，才是你一生中最大的财富。既然是财富，就必须要经营，要付出时间和精力，而不是一味地想着怎样去透支。

女生小攻略

女生交友"四诀"

我们周围有形形色色的人，如何与人交朋友呢？

1."敬"字诀

"与朋友交，久而敬之。"敬就是保持距离，也就是避免过分亲昵，不干扰对方的私密空间，尊重对方的隐私。

2."劝"字诀

规劝是作为朋友的责任，这一点说起来容易，做起来难。规劝不能当

着第三者的面，以免伤朋友的颜面，也不能在他情绪不佳时，免得他发怒。学着做一个诤友吧，朋友会理解你的良苦用心。

3."进"字诀

一定要跟上对方的节奏，与对方一起进步，只有志趣相投，才能谈得来，谈得开。

4."帮"字诀

患难见真情，当朋友处于困难之中时，一定要伸出友谊之手。要知道，共患难比共享乐更能增进友谊。

刷刷

中国作家协会会员，儿童文学作家，江苏省优秀校外辅导员，江苏省十大优秀科普作家之一。主要作品有《向日葵中队》《幸福列车》《八十一棵许愿树》《星光少年》等。作品入选"优秀儿童文学出版工程"、"向全国青少年推荐的百种优秀图书"、"中国好书"月度好书等，曾获江苏省精神文明建设"五个一工程"奖、桂冠童书奖等。有多部作品被改编为儿童广播剧、儿童音乐舞台剧、儿童电影、百集儿童校园短剧等。